UNRUHIGE

Seele

HAIKU - TANKA - SENRYU

Bibliografische Information der Deutschen Nationalbibliothek:
Die Deutsche Nationalbibliothek verzeichnet diese Publikation
in der Deutschen Nationalbibliografie; detaillierte bibliografische
Daten sind im Internet über http://dnb.d-nb.de abrufbar.

Impressum

Copyright © 2017

herausgegeben von

Sternen Blick

www.sternenblick.org
kontakt@sternenblick.org

Herausgeber:
Stephanie Mattner, Petra Klingl,
Manuel Bianchi & Dagmar Tollwerth

Coverbild:
© grandfailure – fotolia.com

Schriftgestaltung Titelblatt (S. 3):
© Brigitte Borchers
www.brigitteborchers.de

Covergestaltung & Buchsatz:
Stephanie Mattner

Herstellung und Verlag:
BoD - Books on Demand, Norderstedt

ISBN: 978-3-7448-3363-9

Gedankenwellen stranden
Wort um Wort
Papier wird Ufer

St. Mattner

Zur Einstimmung

Was kann ein Haiku sein?
Dagmar Tollwerth

Die wenigen, aber gut durchdachten Worte zeigen, dass ganze Geschehnisse zu einem unverwechselbaren Vers werden. Sie verschmelzen beinah unmerklich in ihrem besonderen Rhythmus.

> Salz glitzert am Lid:
> Die ruhelosen Tiefen
> drängen nach oben.
>
> *Matthias Rude*

Solche Gedichte werden nicht einfach nur geschrieben oder später einmal vorgetragen. Sie sind sehr viel mehr. Ihre Entstehung ist an einer vorangegangenen Handlung oder Wahrnehmung geknüpft. Momente oder Begegnungen voller Intensität, in denen sich die ersten Züge eines Haiku formen. Sie erzählen die Essenz im Sinne der Erkenntnis, geknüpft an anhaftenden Gefühlen und dem Begreifen der eigenen Wahrheit. Das Haiku zeigt den Menschen oder spezielle Augenblicke, die der Lyriker wahrgenommen hat, die dann in ihrer poetischen Reduktion münden. Mit seinen Zeilen bringt der Poet ein Stückchen seiner Seele auf das Papier, um damit die Lebensgeister seiner Leser zu nähren.

Oft ist es so, dass ein Gedicht viele Male in einem Abstand von mehreren Wochen oder Monaten gelesen werden muss. Dann, nachdem es sorgfältig Zeile für Zeile aufgenommen wurde, verändert es sich mitunter etwas und ein anderes Verständnis als anfangs stellt sich beim Leser ein.

Der Fingerzeig, den der Dichter durch seine Schöpfung mit dem Leser teilt, ist kristallklar und zugleich ein gewolltes Labyrinth. Es obliegt also dem Leser, wie er mit den Zeilen umgeht.

Nähert sich der Leser dem Geheimnis, das zwischen den Worten liegt, mittels eigener Interpretation oder Assoziation, kann es durchaus zu einer Entfremdung des gewünschten Inhalts kommen. Die vom Poeten gewollte Aussage lässt sich letzten Endes immer nur erahnen.

Allerdings kann ein Haiku auch als Reflektions-hilfe genutzt werden. Hier erkennt der Leser dann den Hintergrund des Gesagten. Folglich führt dieser ausgedehnte und unbefangene Blick in den „Wortspiegel" zu einem schönen Aha-Effekt beim Leser und fördert die weitere unverwechselbare Entwicklung.

Beim Lesen meiner Haiku stelle ich mir gern eine Seerose vor, die in einen Teich fällt. Dabei lässt sie um sich herum Wasserringe wachsen. In gleichmäßigen, harmonischen Bewegungen entfernen sich die Ringe vom Kern der Blüte und ziehen mit dem Wasser weiter.

So entfalten sich die Worte der Verse auf dem japanischen Weg und gehen ihrer Sehnsucht nach Erfüllung entgegen.

Faszination der Kürze
Anmerkung zu dieser Sammlung
von Ingo Cesaro

Als in den siebziger Jahren das dreizeilige Kurz-
gedicht Haiku/Senryu hier immer mehr bekannt
wurde, gab es keine Diskussion um den Silben-
rhythmus. 1. Zeile fünf Silben, 2. Zeile sieben Sil-
ben und dritte Zeile wiederum fünf Silben.
Und wer nach den formalen Bedingungen für di-
ese traditionellen Kurzgedichte fragte, erhielt die
Antwort: Drei Zeilen mit insgesamt 17 Silben.
Damals war in der FAZ zu lesen: „5-7-5 Silben
– fertig ist ein Gedicht". Natürlich ironisch ge-
meint, was bei der Lektüre offensichtlich wur-
de. Der Japanologe vermisste bei den Schrei-
bern irgendwelche Kenntnisse des fremden
Kulturkreises, also der Heimat des Haiku. Eine
der Meditations-Formen innerhalb des Zen-
Buddhismus.
Auch die „Deutsche Haiku-Gesellschaft" folgte
diesem Silbenrhythmus lange Zeit, sowie auch
das „Deutsche Senryu-Zentrum", das nur am
Rande eine offenere Form des Haiku, z.B. ohne
kigo d.h. ohne Jahreszeitenbezug zuließ.

Und immer wieder ist zu hören: Es kann eigentlich nur dieser Silbenrhythmus sein. Und wer sich länger darin geübt hat, wird kaum darauf verzichten wollen.

Seit einigen Jahren liest man immer wieder auch die freie Form, also meistens drei Zeilen und zwischen 12 und 18 Silben. Dies hat zur Folge, dass manchmal Worte untereinander geschrieben, ein Haiku ergeben sollen. Oder aber eine Aussage in einem Satz, oft ohne Einschnitt nach einer gewissen Silbenfolge.
Viele gelungene freie Haiku sind hingegen in dieser Sammlung zu finden.

Interessant ist jedoch, dass der bekannte Lyriker Reiner Kunze oder auch der Büchner-Preisträger Durs Grünbein bisher nur 3zeilige Haiku mit 17 Silben veröffentlicht haben, auch der bekannte Kinderbuchautor Josef Guggemos hielt sich streng an drei Zeilen und siebzehn Silben.

In dieser Sammlung finden Sie, werter Leser, strenge und freie Haiku, eine Reihe Senryu, außerdem wenige Tanka-Texte.

Lassen Sie sich anstecken von der Faszination der Kürze und den vielfältig gelungenen Versuchen dieser Sammlung, die Welt einzufangen in einem Atemzug.

Ingo Cesaro schreibt seit fast 40 Jahren Haiku/Senryu mit rund 150 Einzelveröffentlichungen. Daneben hat er als Herausgeber an die 120 bibliophile Editionen mit Haiku/Senryu zusammengetragen und publiziert.

Weitere Informationen auf:
www.ingo-cesaro.de

Haiku - Tanka - Senryu

Die raue See.
Ein Leuchtturm fungiert
als Taschenlampe in mir.

Hannah Groenert

Ständig auf Suche
Nach neuen Ufern im Schilf
Wo kommen wir an?

Dörte Müller

Brandung
Cast away
Hält mich gefangen

Andreas Stranz

Seele
Auf glatter See
Vor mir – der aufgewühlte Kapitän

Eva Gruber

Schäumende Fluten
Feurig und ungebremst
In meinen Adern

Magdalena Ecker

Lebensfruchtende
Ast des Sommermeers knickend
Sollbruchstelle blüht

Eva-Maria Mfutso-Bengo

Spiegelglatte See –
Doch hinter der Stirn
Toben die Meere

Andrej Awgustow

Über dem See
meiner heiteren Mitte
sein leidenschaftlicher Gedankensturm
ich baue Windmühlen
am Liebesstrand

Sylvia Reuber

Auf Traumtanzböden
wirbelt Staub im Sonnenglast
goldne Trunkenheit

Christine Hidringer

Tausend stumme Fische
drehen ihre Kreise,
schwimmen Ringelreihen
in meinem Kopf –
ohrenbetäubend.

Christina Wermescher

meeresweiten
das bewegte grau und blau
deiner augen

Sonja Raab

Sonnenaufgang:
Ein Hund jagt die Wellen
ins Meer zurück.

Volker Friebel

Familienbibel
in Schönschrift
alle Schrecken

Martin Berner

Träumen im Klangstrom
Die Zeiten fließen rückwärts
Mozart spielt Chopin

Peter-Michael Fritsch

Salz glitzert am Lid:
Die ruhelosen Tiefen
drängen nach oben.

Matthias Rude

Auf kaltem Asphalt
ein Stolperstein pro Leben
Gestern wird zum Jetzt

Jennifer Hilgert

Der Schnee schmilzt.
In den Herzen
sammelt sich der Frost.

Alexander Marl

Draußen ein Rauschen
Autos zermalmen den
Dschungel der Stadt

Peter-Michael Fritsch

Unverzagt

Unverzagt, Seele,
stell dich dem, was dir Angst macht.
Nur das Schweigen lähmt.

Patricia Strunk

Unruhige Gedanken
Verdichten sich immer mehr
Zum Kentern verdammt

Sandra Pulletz

Tod ist die Erde
Gräber unter den Füßen
Leer verbleibt das Land

Rafael Frei

Einsiedlerklause –
der unbefestigte Weg
nach innen

Eva Limbach

ich trage dich, Großmutter,
durch den Sand
ans Meer

Gerd Börner

Die Urne versinkt
er nimmt seine Zeit mit
der Uhrmacher

Friedrich Winzer

Hinter Fliederduft
verborgen dein Lächeln
einstiger Tage.

Blütenrispen purpurrot.
Als atmetest du noch.

Christiane Schwarze

Blick hinaus aufs Meer
Sehnsüchtig sucht die Seele
nach Anhaltspunkten

Wolfgang Rödig

in der Brandung
die lauten Schläge
meines Herzens

Christof Blumentrath

Der Alte am Strand
Sah fragend zu den Wellen
Die Brandung nahm ihn mit

Gabriel Peifer

Lachendes Gesicht.
Unter der Oberfläche
ein stummer Abgrund

Marie Fabienne Fahrenholtz

Horizont — wo Meer
und Seele sich zart küssen —
Plastikmüllschwemme

Sylvia Reuber

Bewegter Geist

Ideen-Splitter
Dichter Gedankennebel
Bis sich alles klärt

Marina Linares

Leise ist die Nacht
Ich und meine Gedanken
Ohrenbetäubend

Franziska M.

Neujahrsmorgen –
eisig weht das alte Jahr
Runzeln auf den See

Gerd Börner

Solorengay

Dezembersturm
dreimal täglich
an sein Grab

Nachts höre ich seine Stimme
nach mir rufen

Anrufbeantworter
zum vierten Mal
ist Schluss

Das Schlagen der Türe
an jedem Bahnhof stehst du

Multitasking
sein Zorn schwappt
in mein Boot

Meterhohe Wellen
wir werden abgetrieben
von den Anfängen

Birgit Heid

Urlaubstag am Strand
Die Sandburgen der Kinder
von Wellen bedroht
darüber die Luftschlösser
der jungen Erwachsenen

Wolfgang Rödig

Tief drunten am Grund
vom Seegras sanft umschlungen
Ruhe vor dem Sturm.

Michael Haas

Corryvreckan
ich ertrinke im Strudel
meiner Gedanken

Ralf Bröker

Heute ist das Meer aufgewühlt
da kann ich
meine schlimmen Gedanken hineinwerfen
sie werden gewaschen und gemangelt
und kommen als Kinderlieder zurück

Gabi Ella Mücke

Atlantis
in keinem Atlas
die Angst
vor dem Verschwinden
V r chw d n

Dietmar Tauchner

Rastlose Seele – sterbliche Welt

**Ewig glitzernde,
tosende Wellenberge.
Verwelkung am Tag.**

Crystal Eyes

Ein Sturm bricht heran
in meinem inneren Kind
lässt Welten beben

Wanda Zompa

Vom Gipfel
reist kalt gewordene Asche
noch über ein ganzes Meer.

Vivien Ruthardt

Freiheit –
auf windumrissenen
Wellen surfen

ginTon

Wasser bis zum Hals.
Aber, was komisch ist,
keine kalten Füße.

Tausendtascha

schwarze see
die segel auf halbmast
das EKG piepst

Sonja Raab

die blindschleiche kann wieder sehen,
wie im nebel
die natur aus dem lot gerät

Volker Harmgardt

In mir tobt ein Sturm.
Ich drohe zu ertrinken
im Meer der Trauer.

Andreas Christ Sølvsten Jørgensen

fieberhaftes Glühen
frisst sich durch
die letzte Zigarette

Katinka Ruffieux

Le Grau, die Mole
spät kamen die Nachtangler
stille Zyklopen

im Schein seiner Stirnlampe
schrieb Hemingway vom Dunkel

Britta Lübbers

Im schönen Gesicht
ein stiller Wermutstropfen
nur eine Maske

Alexandra Meth

Gefühle reisen
mit den Wolken des Tages,
in das Sonnenlicht.

Ulrike Schmidt

Bibergleich,
nagt der Junge seine Nägel.
Staudammbruch

Katinka Ruffieux

Erloschene Wut
glimmt nach schlaflosen Nächten
frisst kahl den Morgen

Alice C.

Die Hand am Rollstuhl
Ihr Blick meint den Anderen
auf dem Motorrad

Ina May

Die Gischt pocht
bis an den Herzrand.
Angst – aus Ebbe wird Flut.

Leni Nusko

Deine Worte sind
Sturmmeer; höhlen mich aus bis
nichts mehr bleibt als Schaum.

Stephanie Richter

Trübes Gewässer
einsam schreit die Krähe laut
und verlässt die Stadt

Calvary Clover

Rauhe, weiße Gischt
krallt drohend nach meiner Furcht
ertrinke in ihr.

Sandra Kass

Kykladenrausch, jetzt
in Metaxa ertrinken
zwölf Sterne zur Nacht

Britta Lübbers

Gegenwind
mein inneres Gerüst
einsturzgefährdet

Brigitte ten Brink

Annäherung

Nach dem Unwetter
liegen zwei kahle Äste
am Strand über Kreuz.

René Kanzler

Ameisenhaufen,
Straßen darin.
Gedankenverloren.

Henriette Tomasi

Matsch an den Füßen
Der Blick weit in der Ferne
Sehnsucht Wattenmeer

Tessa Schäfer

Im Sturm

Gebunden am Mast,
dem Schiff vorausgetragen:
William Turner

Sturmverwirbelte Segel
fließen in südliches Licht.

Lieselotte Degenhardt

Üb' Seelenruhe
sei Schwester deines Atems
lass Gedanken zieh'n

Petra-Marlene Gölz

Der Himmel zerfloss
In meiner Augen Schimmer
Und tropfte zur Erd'

Magdalena Ecker

wenn es leise ist
übertönt das pure sein
die unwichtigkeit

Martina Sens

Glückwunschkarte –
Die Tinte ist vertrocknet
in meinem Füller.

Ziga Dvoršak

Närrisch dein Lächeln –
auf silbernen Schwingen
die Angst vor dem Tod

Laura Schmidt-Niederhoff

Unruhige Seele
tief unter der Hutkrempe
sitzt Angst

Jens Junk

Nach der Einweisung –
in ruhigen Gewässern
mein schwankendes Schiff

Betti Trapp

das schiff und das meer
nautische hassliebe
der mensch und er selbst

Svenja Bramfeld

Mein Innenleben
Ein Gedankengebäude
Und deine Sintflut

Ly A. Dentler

Der Sturm lässt bitten –
Ballett über den Wellen...
Möwen sind bereit.

Hannelore Berthold

traumlichtige küste
das rauschen
im schneckenhaus

Helga Stania

ebbe
und die gedanken stauen sich
in tümpeln

Elena Eberhardt

Unter dem Sand –
meine Namensscherben rot.
Verirrt im Warten.

Christiane Schwarze

Seemöwen.
Die Schreie im Flug.
Tränen am Strand.

Nema

Die Augen sprechen leise Tränen –
doch meine Seele tobt im Sturm:
„Auf Wiedersehn" sag ich trauernd
doch mein ich
„Lebewohl"

Monika Werner

Gellend-lauter Schrei –
Der feuchte Nebel erstickt
das schlammige Moor.

Franziska Fähndrich

Abendrot
Inmitten des Rosenblattes
gähnt die Sonne.

Silke Kissel

Du lässt mich los und
packst die Reling. Die See ist
kappelig, sagst du.

Susanne Mathies

Der Wind schlägt das Notizbuch auf
als suche er eine ganz bestimme Seite, eilig,
bevor ich ihn bemerke.

Brian Brazzil

Eignes Schweigen
drückt er auf der Drehscheibe –
in den Ton der Schale.

Ingo Cesaro

In stillen Stunden
schreibt bitteres Mandellicht
gebrochene Worte

Wolfgang Mach

Im Zeitungspapier
hat der Bückling angelegt
Salz auf die Zunge

Wolfgang Mach

flaute
im fernsehen
sharknado

Sebastian Salie

Sturmtief –
nur die Puppe
ging nicht unter

Eleonore Nickolay

Steile Meereswelle
küsst Schaumkronenflocke
Arielle seufzt

Stefan Lochner

Der Nieselregen
Sprengt viele runde Löcher
In den müden See

Kornelia Wulf

Silbervogelschwarm
flattert aus tausend Nestern
verdorrter Sehnsucht

Christine Hidringer

Ein Lichtstrahl
trifft das Wasser, sinkt hinab
und ertrinkt im dunklen Nass.

Christina Wermescher

am Fährhafen
warten auf dich
Sturmwarnung

Brigitte ten Brink

Die ruhige See
Im Goldfischglas – der Fisch
Treibt auf dem Rücken

S.-Marie Hüttner

Mein gefalteter Tag
Schwimmt leise auf dem Meer
Erwartet die Welle

Andrej Awgustow

Fortepiano.
Das Krachen der Welle
versickert im Sand.

Josephine Awgustow

Nur ein Rinnsal,
doch die Ameise macht kehrt.
Die Krähe lacht.

Tausendtascha

Erloschener Leuchtturm
über dem Meer
erwachen die Sterne

Gerd Romahn

Gischt der Gewohnheit
an Alltagsriffen zerschellt
sanfte Verbundenheit

Hilke Anna Berndsen

Worte gesprochen
Deiche halten nicht mehr stand
Schlechte Nachrichten

Wind um Wind ist los
Härter tost die wilde See
Geweckter Gigant

Wie wird die Welt sein
Wenn alle Dinge fort sind?
Das Herz flüstert sanft

Der letzte Blitzschlag
Winde verstummen im Licht
Trost umarmt die See

Dunkelheit vergeht
Fluten ziehen sich zurück
Und Seelen schlafen

Finn Lorenzen

fest in meiner Hand
das Steuerrad; doch ist's der Sturm
der meinen Kurs bestimmt

Manuel Bianchi

Morgens im Zwielicht
sammeln sich heimlich
meine Dämonen

Petra Klingl

Erst ist alles still.
Dann hüpft ein Frosch in den Teich.
So ist das Leben.

Andreas Müller

Am Strand von Chios
das tiefe Rot der Cocktails
und Rettungswesten

Britta Lübbers

See im Nebel
bis zum Rand der Erdscheibe
drei Ruderschläge

Birgit Lockheimer

Unsere Sandburg
längst fortgerissen
von der Flut.
Allein die alte Kiefer
trotzt noch den Gezeiten.

Ines Pinquart

Schollenmeer
die unendlichen Puzzleteile
einer Seele

Anke Holtz

Ozeans Tropfen
rinnen durch meine Hände
auf das nasse Grab.

Davina Beck

Gut vertäut mein Sehnen
Schwanke ich auf glatten Planken
Im Wind klingt ein Lied

Renate Maria Riehemann

kein warmes wort mehr
zwischen raueisufern
der zitternde see

Birgit Schaldach-Helmlechner

Seemann's letzter Gang
Manch Traum ging mit ihm unter
Doch er hat gelacht

Etiennette Egeler

Der flinke Fisch:
die Schönheit am Grund der Zeilen,
– nicht zu fassen.

Magnus Tautz

So ruhig bist du geworden,
ich dagegen aufgewühlt –
Wellenlängen ändern sich

Arvid Zaremba (Melodichte)

Einsamkeit
in den langen Nächten
Gedanken säen

Hildegard Dohrendorf

malzige Süße
und der Rauch von Torffeuer
in meinen Händen
ein zerschlissener Fahrplan
den ich längst nicht mehr brauche

Eva Limbach

zugvogelschreie
dem rostigen gartentor
fehlt schon ein flügel

Mirani Meschkat

Fernab vom Ufer
fluten Wellen meinen Tag.
Meine Seele schäumt.

Melanie Völker

Das Salz höhlt Rillen in dein Herz.
Kammer für Kammer wird flüssig –
zerrinnt.

Leni Nusko

Deine Augen folgen so lieblich
dem Schatten, der da
so unruhig vor dir geht und beinahe schwebt.

Sarah Königs

Winternebel –
die fremden Dimensionen
meiner Träume

Eva Limbach

Ein Spiel mit Blüten –
Er liebt mich? Er liebt mich nicht?
Angst kam in Wellen.
Blüten trieben auf der See.

In Wellen, ein Blütenmeer.

Jessica Strunk

die Welt
einfach wegwischen
der Akku protestiert

Michael Köhler

Brandungswellen...
Die Schwangere
hält ihren Bauch.

Volker Friebel

Vorhofflimmern –
ein Meer, das sich
selbst aufwühlt.

Leni Nusko

Nur am Meer
weiß ich, dass der Himmel
schwimmen kann

Frank Lattisch

Frischer Apfelduft
entsteigt deinem Gartenbeet
keiner liest mehr auf

Eva Beylich

Morgenlied
in den Schwingen der Vögel
das steigende Licht

Marianne Kunz

Sturm über dem Meer
in Tränen glitzert die Nacht
dunkel ohne Stern

Nadine Kofler

Einen Grashalm hoch
schleppt Raupe gespiegelte
Welt – im Tautropfen.

Ingo Cesaro

Ein loses Kabel.
Am lichtlosen Tag wälzt sich drängend
der Gedankenstrom.

Katja Hoffmann

winterkahler hain
der sturm in den eichen spült
das meer in mir hoch

Peter Wißmann

die Flut, sie beißt
mit Millionen Zähnen
auf dem Deich wächst still das Gras

Manuel Bianchi

See(len)gang

stürmische See(le)
tropft ins
Bad der Gefühle

Markus Wißner

früher Herbst
das Meer klammert sich
an seine Wärme

Gerd Börner

Windstärke neun
mit meiner Tochter
Schiffchen falten

Christof Blumentrath

Aquarellfarbe
rinnt über gewelltes Papier –
ein Wasserspiegel
aus Violett und Hellgelb
im Sturm vor der Ruhe.

Marlies Blauth

im treiben vereint
durch die morgigen flüsse
wir beide allein

Hans Egerer

Das Meer steigt hinauf
singt rohe Seemannslieder
verwirrt Loreley

Carmen Streißnig-Fink

künstlicher See
wir schwimmen in
unseren Vorstellungen

Dietmar Tauchner

Sinnlos bricht Schweigen
Jedes Wort ein Labyrinth
Pause und Nehmen

Melanie Friedrich

In der Kajüte
Schaukeln Erinnerungen
An große Fänge.

Jessica Strunk

Liebeswirrwarr –
irgendwo nimmt einer
den Faden auf.

Frank Lattisch

Weiße Kristalle
Leicht vom Atem geschaukelt
Spiegeln den Mondschein

Anna Neocleous

Krötengesänge.
Im Abendweiher spiegeln
sich hundert Augen.

Marlies Blauth

Wir träumen leise
Hinter vorgehalt'ner Hand
Während die Anderen
Lautstark die Segel hissen
Um doch nicht aufzubrechen

S.-Marie Hüttner

Bittere Tränen –
der Himmel weint so schmerzlich
auf die Kornfelder.

Franziska Fähndrich

Der Sturm sei meine Trauer,
die See werde mein eisig Grab,
Tränen peitschen über die Lande
und das Meer...
trägt mich hinfort

Monika Werner

Geduld

Schäumende Wellen
schlagen gegen den Schutzdeich.
Auf ihm schweigt ein Mann.

René Kanzler

Seemomente

Weites Marschland –
vereinzelte Bäume
modelliert vom Wind.

Im Dünental:
die Spannung
vorm Anblick des Meeres.

Strandlauf –
auf Wellenkämmen
weißer Schaum.

Rast
im Gasthaus – Sahnewolken
im friesischen Tee.

Abends –
Sturz
in den Tiefschlaf.

Der Sturm
lässt nach – Gedanken
an Unerledigtes.

Gang
zur Festlandseite – Storms
feuchte Watten im Abendschein.

Abreisetag.
Der Wind vom Meer
bauscht die Gardine.

Reinhard Dellbrügge

am ufer warten
schiffe durchpflügen das meer
windige zeiten

Hans Egerer

likes...
walgesänge
im eismeer

Frank Dietrich

Die Wellen kommen,
Meterhoch. Sie sind verliebt
In den weißen Strand.

Andreas Müller

Nur ein falsches Wort
spontan steigt Wasser auf
füllt die Augen

Jens Junk

Seebeben
jenseits der Küste zittern
Herzen

Pitt Büerken

Tropfen auf dem Steg
Bald einem Stakkato gleich
Laut ruft sie nach ihm

S.-Marie Hüttner

Wogen des Lebens
tragen mich immer weiter
plötzlich Eisberg. Tumor.

Zsofia Balazs

Wassertropfen
von der Gischt
– oder Tränen?

Miriam Schmiechen

Hell leuchtet der See.
Er findet keine Ruhe.
Dieser eitle Mond!

Andreas Müller

Frühstücksstullen
wir verstreichen
unsere Sorgen

Petra Klingl

Aufgewühlte See
Ich in der warmen Stube
schlürfe meinen Tee

Rolf Strack

Unter dem Kirschbaum
im Blütenfall des Himmels
hastende Füße

Horst Jahn

Tempelgong –
ein Meer von Wünschen
verwirbelt im Rauch

Gerd Romahn

gekräuselt
dein tiefes wasser
so still

Sonja Raab

Dauerfrost
überall im Körper
Sehnsucht

Kerstin Hirsch

Nachbemerkungen

Haiku à la SternenBlick

Stephanie Mattner

Bereits 9 Anthologien und 11 Autorenbände sind seit dem Start von SternenBlick 2013 entstanden. Vereinzelt erreichten uns auch Haiku und Tanka, die dann passend zum jeweiligen Thema Einzug gehalten haben in den Büchern. Diese aus dem japanischen stammende Gedichtform schafft aufgrund ihrer Kürze Klarheit, Tiefe und eine besondere Konzentration auf das Wesentliche. Daher wurde es an der Zeit dieser besonderen Dichtkunst einen eigenen Band bei SternenBlick zu widmen.

Wie es inzwischen üblich ist, suchen wir uns immer kompetente Dichterinnen und Dichter zur jeweiligen Anthologie, die uns als Herausgeber bei der Auswahl und Zusammenstellung unterstützen. Sehr gefreut haben wir uns für diesen besonderen Gedichtband drei Mitstreiter zu finden, die sich sowohl theoretisch als auch praktisch seit Jahren mit dem Schreiben von Haiku, Tanka und Senryu befassen: Manuel Bianchi, Petra Klingl und Dagmar Tollwerth. Alle drei haben schon diverse Veröffentlichungen im Bereich

„Haiku" vorzuweisen. Daneben ist Petra Klingl derzeit Vorstandsmitglied der „Deutschen Haiku-gesellschaft" und Dagmar Tollwerth hat bereits Seminare zum Verfassen von Haiku geleitet.

Im Herbst 2016 starteten wir nach Erarbeitung eines gemeinsamen Konzeptes unsere offizielle Ausschreibung. Thema und Titel ergaben sich maßgeblich aus nachfolgendem Haiku von Dagmar Tollwerth:

Unruhige See.
Ein roter Schal fliegt davon.
Er wirft den Anker.

Ende Januar 2017 endete die Ausschreibungsphase, bei der uns letztlich 1.111 Texte (Haiku, Haiku-Sequenzen, Senryu und Tanka) erreichten. Eine beachtliche Menge — mit der wir nicht gerechnet hatten. Die anschließende Auswahl erfolgte anonym und jeder Herausgeber wählte zunächst seine Favoriten aus. Daran anknüpfend wurden die gemeinsam gewählten Gedichte ermittelt. Zu unserer Überraschung gab es nur ein Haiku, das von allen vier Herausgebern gleichermaßen gewählt wurde — von Christof Blumenrath:

Windstärke neun
mit meiner Tochter
Schiffchen falten

Mehrere Auswahldurchläufe und Diskussionen später, konnten wir uns auf diese hier abgedruckten 164 Texte von 123 AutorInnen einigen. Eine gelungene Mischung, die sich dem Thema „Unruhige See(le)" auf vielfältige Weise nähert. Wir finden hier neben Gedichten, die sich mit dem Aspekt der Naturgewalten auseinandersetzen, auch viele die das Medium Wasser in all seinen Formen zur Metapher für sämtliche Gefühlsebenen erkoren haben. Dazwischen aber auch politisch- und gesellschaftskritische Ansätze.

Ich bin sehr stolz auf das entstandene Werk und danke allen AutorInnen, die sich beteiligt haben, aber auch den Mitherausgebern, Brigitte Borschers für den schön gestalteten Schriftzug (S.3) und Ingo Cesaro für seine „Anmerkungen zur Sammlung". Daneben der „Deutschen Haikugesellschaft" für die hilfreiche Zusammenarbeit.

Haiku – Mein Schreiben, meine Auswahl

Petra Klingl

Seit etwa sieben Jahren schreibe ich Haiku – die traditionelle japanische Gedichtform. Ich war von Anfang an begeistert, da ich Kurzlyrik mag. Nur kurzzeitig hielt ich mich an die veraltete Vorgabe, die noch in vielen Publikationen steht, dass ein Haiku aus 17 Silben besteht, die im Verhältnis 5 / 7 / 5 auf drei Zeilen verteilt werden. Ich schreibe sie in der freien Form, dreizeilig mit etwa 10 bis 17 Silben. In meiner Lebensumwelt sind sie inzwischen ständig present. Ich halte Augenblicke, Beobachtungen, Ereignisse und konkrete Momente fest – ein Haiku entsteht.

Es sind keine abgeschlossenen Geschichten. Im Kopf des Lesers sollen sie sich fortsetzen.

Und genauso bin ich bei der Auswahl für diese Ausgabe vorgegangen:

1. Passt die Einsendung zum Thema
          „Unruhige See(le)"
2. Läßt das Haiku / Senryu / Tanka
     bei mir noch eigene Gedanken zu

Es war für mich eine spannende Aufgabe, aus 1.111 Einsendungen die auszusuchen, die diese Kriterien erfüllen.

Die nun vorliegende Sammlung liest sich sehr vergnüglich. Sie eröffnet für alle Poeten eine ganz eigene, faszinierende Welt.

Schlussbemerkung – Haibun Style

Manuel Bianchi

Meine Hoffnung ist es, dass wir mit diesem Buch endlich mal die Diskussion um die Form des Haiku hinter uns lassen können, auch wenn es noch schwierig zu sein scheint. Weil es ja auch so einfach ist. Diese Erklärung mit den drei Zeilen oder Versen und der bestimmten Anzahl Silben beziehungsweise Moren, Lauteinheiten, „on", oder welchen Begriff man da am liebsten verwendet. Es ist ja nicht so, dass ich etwas gegen dieses Grundschema hätte. Viele meiner eigenen Haiku stimmen überein mit dem 5-7-5-Muster. Früher war das Absicht. Mittlerweile ist es eher so, dass das einfach so passiert. Oder auch nicht. Mal sind es ein paar mehr Silben, mal ein paar weniger.

Als ich angefangen hatte, mich mit Haiku zu befassen, war dieses Muster für mich eine gute Stütze. Und mehr braucht es auch nicht zu sein, als ein Fundament, auf dem man seine Haiku aufbaut. Was ein gutes Haiku ausmacht, lernt man erst mit der Zeit. Denn wie erklärt man einem Haikunovizen dieses Gedicht, das wie kein anderes zwischen Konkretismus und Symbolismus, zwischen Realismus und Surrealismus schwankt?

Haiku sind etwas sehr lebendiges, fast schon evolutionäres. Keine andere Gedichtform lebt so vom Austausch zwischen den Poeten. Entsprechende Wettbewerbe und „Happenings" haben in Japan große Tradition. Dieses Buch und die Ausschreibung dazu sehe ich ganz in diesem Geiste. Zum Thema „Unruhige See(le)" haben sich so viele Poetinnen und Poeten Gedanken gemacht, und haben dabei so viel ähnliche, aber auch gleichermaßen verschiedene Haiku, Tanka und Senryu geschrieben.

Ich hoffe, dass unsere Auswahl dabei hilft, den Diskurs über das Haiku weiterhin lebendig zu gestalten.

Die Eiche im Garten
nach vielen Jahren sehe ich
das Muster in der Borke

Über die Herausgeber

STEPHANIE MATTNER

 Die Berliner Lyrikerin studierte Germanistik (Schwerpunkt: Editionswesen) und gibt seit 2013 mit Sternen-Blick regelmäßig Bücher heraus. Mit „Wortgeworden" veröffentlichte sie ihren ersten Gedichtband. Daneben ist sie aktives Mitglied im „Freien Deutschen Autorenverband" (Berlin).

MANUEL BIANCHI

 Der Autor schreibt seit einigen Jahren Kurzgeschichten und verschiedene lyrische Formen u.a. Haiku, Tanka und Haibun. Bei der Schreibcommunity den „Geschichtenwebern" war er Mitherausgeber von zwei Anthologien und veröffentlichte im Selbstverlag u.a. den Gedichtband „Zwischen zwei Küsten".

Dagmar Tollwerth

Die mit ihrer Familie im westfälischen Anröchte lebende Autorin, veröffentlichte als Lyrikerin die Haiku-Sammlungen „Zeigerloser Weg" (2013) und „Atmende Bilder" (2015). Ihre Erfahrung im Haiku-Schreiben gab sie im Mai 2015 erstmals als Dozentin eines Workshops weiter.

Petra Klingl

Die in Berlin lebende Autorin schreibt vorwiegend Haiku und Kurzlyrik. Aktuell ist sie Vorstandsmitglied der „Deutschen Haiku Gesellschaft e.V." und richtet zusätzlich Regionaltreffen der Berliner Haiku-Gruppe aus.

Inhaltsverzeichnis

Die DichterInnen und ihre Texte

Folgende Anthologien sind auch erschienen bei

Sternen Blick

Aufgehen in Dir
– Sinnliche Lyrik –
hrsg. von St. Mattner & Francisco Cienfuegos
ISBN: 978-3-7431-1488-3

Pulsgeworden
– Ein poetisches Berlin-Portrait –
(Kurzprosa & Lyrik)
hrsg. von St. Mattner & Jennifer Hilgert
ISBN: 978-3-7412-5595-3

Brechungswellen
– Lyrikerinnen sinnen nach –
hrsg. von St. Mattner & Marion Bergmann
ISBN: 978-3-7392-3283-6

Stummgelebt
– Gesellschaftskritische Lyrik –
hrsg. von St. Mattner & Peer de Beer
ISBN: 978-3-7386-4926-0

TrümmerSeele
– #Dichter für Flüchtlinge –
(Lyrik & lyrische Prosa)
hrsg. St. Mattner & Michael Pilath
ISBN: 978-3-7392-1053-7

Ein Gedicht für ein Kinderlachen
Jahrbuch 2014
– Mit einem Kinderblick und -lächeln –
(Lyrik & Kurzprosa)
hrsg. von St. Mattner & Ben Kretlow
ISBN: 978-3-7386-0805-2

Zwischen den Wolken
Jahrbuch 2015
– Von Hoffnung und Sehnsucht –
(Lyrik & Prosa)
hrsg. von Stephanie Mattner
ISBN: 978-3-7392-0333-1

Zeitentanz
Jahrbuch 2016
– Von Vergänglichkeiten und Erinnerungen –
(Lyrik & Prosa)
hrsg. von Stephanie Mattner
ISBN: 978-3-7448-3352-3